AF468095

FACULTÉ DE DROIT DE PARIS.

THÈSE
POUR LE DOCTORAT.

L'acte public sur les matières ci-après sera soutenu le samedi 8 janvier 1842, à 1 heure,

Par Léon **FILASSIER**,

AVOCAT A LA COUR ROYALE DE PARIS,
né à Maule (Seine-et-Oise).

Président, M. BUGNET, professeur.

SUFFRAGANTS.	MM. BLONDEAU DOYEN, DURANTON, PERREYVE,	PROFESSEURS.
	COLMET DAAGE,	SUPPLÉANT.

Le candidat répondra en outre aux questions qui lui seront faites sur les autres matières de l'enseignement.

PARIS.
IMPRIMERIE DE MOQUET ET COMPAGNIE,
RUE DE LA HARPE, N. 90.

1842.

A mon Père, à ma Mère.

JUS ROMANUM.

DE JURE DOTIUM.

(Dig. lib. XXIII, tit. III.)

Dos appellatur quidquid ab uxore aliove pro eâ, ad sustinenda matrimonii onera, viro datur aut promittur.

Profectitia dos dicitur, vel adventitia.

Profectitia, quæ à parente virilis sexûs per virilem sexum cognatione juncto, veluti patre, avo paterno etiam adoptivo, proficiscitur, de bonis vel facto ejus; nec refert utrùm filia in patriâ potestate constituta sit an emancipata, non enim jus potestatis, sed parentis nomen dotem profectitiam facit.

De bonis parentis profecta videtur dos, si quam rem alienam bonâ fide emptam in dotem parens dederit, non autem si fortè hereditatem legatumve, dotis constituendæ causâ, repudiaverit, quià nihil de suo erogavit, sed tantùm non acquisivit.

Factum parentis intelligitur, si quis patri donaturus dotem dedit, aut si quis dotem promisit, sivè jussu ejus, sivè etiam sinè jussu, dummodò pater ratam habuerit promissionem.

Adventitia dos est, quæ aliundè marito advenit, quam scilicet sibi mulier ipsa, aut mulieri quivis alius, præter parentem, constituit.

Nam quicunque, si velit, dotem constituere potest, dùm contrà parens filiam in matrimonium collocare atque dotare per præsides, quamvis invitus, cogatur. Indè cùm pater filiæ curator dotem pro eâ constituit, magis quasi pater id quàm quasi curator fecisse videtur.

Dotium constituendarum modi ad tres possunt revocari formas : dos aut datur, aut dicitur, aut promittitur.

Datur, cùm alicujus rei dominium aut ususfructus, aut nomen ad virum transfertur, vel etiam cùm viro debitori acceptum fert mulier aliusve creditor dotis constituendæ gratiâ, nàm ad dationem referri potest acceptilatio.

Dicitur, cùm solemnibus quidem verbis, sinè autem stipulatione, dotis causâ contrahitur obligatio. At dotem dicere possunt duntaxat mulier ipsa, et jussu ejus debitor, nec non et parens virilis sexûs, dùm contrà dare aut promittere liceat cuilibet, cujuscumque sexûs conditionisque sit. Cæterùm dotis dictio in desuetudinem abiit.

Promittitur dos, cùm in stipulationem deducitur.

Dotis promissio aut pura, aut ex die, aut sub conditione fieri potest, dummodò conditio stipulationem non conferat in id tempus quo jàm nuptiæ futuræ non sunt; nulla enim dos est, nisi matrimonii oneribus inserviat. Indè non potest mulier mortis suæ causâ dotem promittere, quamvis id valeat, si quid ab alio mortis causâ promissum sit.

Quanquàm autem promissioni expressa conditio non adjecta est, in qualicumque tamen dotis constitutione, tacitam subesse constat, si nuptiæ sequantur, conditionem; quarè, si nuntius remittatur, defecisse conditio videtur, et licet eidem posteà nupserit mulier, non convalescit stipulatio.

Plerumquè viro aut patri cujus in potestate est, dos datur vel promittur, sed promissione aut traditione rei dotalis in personâ servi vel filii familias factâ, dos quoque constitui licet, ità tamen ut neque periculum neque culpam dominus aut patet præstet, quandiù id ratum non habuerit.

Est demùm tacita dotis constitutio, cùm post divortium atque etiam post alterius matrimonium, ad priorem virum, non revocatis instrumentis, rediit mulier, si quidem ipsi dos restituenda foret. Nam stipulatio de dote reddendâ ab extraneo interposita, facto divortio, statim committitur, nisi ab ipsâ muliere ea dos profecta sit.

In dotem constitui potest quæcumque res, aut mobilis aut soli, sivè corporalis, sivè incorporalis, neque res singulares tantùm sed et universæ, ità ut possit bona sua omnia in dotem dare mulier, cùm nullâ lege id prohibitum sit.

Promissio de dote dandâ facta, non additâ re vel quantitate undè quid sit in dote definiri queat, non valet; sed ab extraneo parens in hoc differt, quòd, etiamsi dotem pro filiâ simpliciter promiserit, nihilò minùs obligatus maneat, dotis enim quantitas pro modo facultatum patris et dignitate mariti constituenda est.

Marito competit actio ex stipulatu aut ex testamento ad promissam legatamve dotem petendam, non autem mulieri cui tamen, soluto matrimonio, ex stipulatu actionem præstare debebit maritus, si nondùm exactam dotem à promissore exigere nolit. Cùm verò dos legata fuit, mulieri, si voluerit, constante matrimonio non deneganda est actio ex testamento, quià ejus maximè interest quæ dotem habere incipit.

Cùm vir de dote promissâ agit, oportet in solidum condemnari extraneum qui promisit; sin autem socer aut uxor conveniatur, non nisi in id tantummodò quod facere potest, si modò nihil dolo malo actum sit, condemnabitur.

Dominium rerum quæ dotis causâ à domino aut domini voluntate traduntur, ad virum transit, eique fructus omnes ex dotalibus rebus percipiendi, pro matrimonii oneribus acquiruntur. Sed quamvis in bonis mariti dos sit, quià tamen soluto matrimonio plerùmquè uxori restituenda est, mulieris esse constante etiam matrimonio dicitur.

Si verò non dominus esset qui tradidit, possessionem tantùm et jus usucapiendi consequitur maritus, nàm dotis causa perpetua est; at domino rem suam vindicare licet; quâ evictâ, si promissio traditionem præcesserit, gener contrà socerum, vel mulierem, vel quemvis alium promissorem, vel etiam heredes eorum, ex stipulatione agere potest; sin autem nulla promissio intercesserit, si quidem res æstimata fuerit, cùm æstimatio venditionem faciat, ex empto competit actio; quòd si non æstimata, nulla est actio viro, nisi dolus dantis interpositus sit, tunc enim de dolo actio quæritur adversùs omnes, et in factum adversùs mulierem.

Mortuâ in matrimonio muliere, dos à patre profecta ad patrem revertitur; adventitia autem penès maritum remanet, præterquàm si is qui dedit, ut sibi redderetur, stipulatus fuit. At non nobis de restitutione dotis tractandum. Vid. lib. xxiv, tit. iii, sol. matr.

DE BONIS PARAPHERNIS.

Parapherna dicuntur bona quæ mulier extrà dotem habet.

Nos autem docet Ulpianus, Romæ mulieres solere earum rerum marito dare libellum, quem subscribat, ne res in domum ejus illatas, si quandoque separatio fiat, fortè negare velit. Non ad virum igitur transfertur dominium, sed apud mulierem remanet, quæ quidem, si custodia marito commissa est, ut sibi reddantur, depositi vel mandati agere poterit, si minùs, ad exhibendum.

DE PACTIS DOTALIBUS.

(Dig. lib. XXIII, tit. IV).

Pacta conventa quæ de jure dotium fieri solent, possunt vel antè vel post matrimonium, etiam si nihil anteà convenerit, interponi. At si post nuptias, non nisi consentiente muliere, is qui dedit dotem, pacisci poterit; si verò antè nuptias, legem quam velit, etiam citrà personam mulieris, suæ rei dicere potest.

Eo tamen ipso casu, voluntas contrahentium nonnunquàm non servatur. Dotalibus enim pactis, sicut cæteris omnibus, non ea inesse potest auctoritas, ut impunè bonos mores aut jus civile impugnare queant. Illa ergò pacta non observanda sunt, quæ vetant ne ob res donatas vel amotas, neu de moribus agatur, aut in quantùm facere potest, sed in solidum, condemnetur conjux.

His quoque non standum est pactis quibus minuitur jus mariti, aut penè evertitur, scilicet si convenerit ne ageretur ob impensas necessarias, vel ne fructus in dotem convertendi, matrimonii oneribus servirent.

Neque valent deniquè pacta per quæ indotata esset mulier, aut ejus conditio circà dotis repetitionem deterior foret, veluti si convenerit ut, quoquo modo dissolutum sit matrimonium, superstite etiam muliere, dos apud virum remaneret, aut longiore tempore quàm legibus constitutum est, redderetur, aut dolum solummodò in dotem, non autem culpam vir præstaret.

Ex his verò spontè apparet pacto dotem permutari, et ex pecuniâ in rem aut ex re in pecuniam durante matrimonio transferri posse, dummodò hoc mulieri prosit. Quoties enim reipublicæ non interest, conjugibus licet quælibet inire pacta quibus, constitutis de matrimonii et dotium jure legibus, derogetur.

DE FUNDO DOTALI.

(Dig. lib. XXIII, tit. v).

Lege Juliâ de adulteriis cautum est, ne dotale prædium italicum maritus, quamvis dominus sit, invitâ muliere alienaret, eaque etiam consentiente, pignori daret. At Justinianus provincialium quoque prædiorum pignerationem, et, mulieris etiam consensu, alienationem prohibuit.

Inæstimata duntaxat prædia legis Juliæ prohibitio complectitur; si tamen fundus in dotem datus æstimatus sit, ut electio esset mulieris, lex non cessat, cessat verò, si mariti arbritio sit electio. Toties enim non potest alienari fundus, quoties mulieri, ut fundum ipsum habeat, actio de dote competit, aut omni modo competitura est.

Alienationis appellatione continetur etiam usucapio, ità tamen ut non interpelletur possessio ea quæ per longum tempus fit, si jàm antè cœperat, quàm fundus constitueretur dotalis. Quod si igitur fundum petere neglexerit vir, rem periculi sui fecit. Planè si paucissimi dies ad perficiendam longi temporis possessionem super fuerunt, nihil erit quod imputabitur marito.

Alienationes tantùm prohibentur quæ voluntariæ sunt: itaquè si ob id quod maritus damni infecti non caveret, missus sit vicinus in possessionem dotalis prædii, deindè jussus sit possidere, dominus vicinus fit.

Item, si maritus fundum dotali prædio servientem acquisierit, aut si uxor fundum cui prædia viri servitutem debebant, in dotem dederit, servitus confunditur, quæ quidem restauranda est, si fundus mulieri aut heredi ejus restituatur.

Item etiam, per universitatem prædium dotale ad alterum, veluti ad heredem mariti transire potest, cum suo tamen jure, ut alienari nequeat.

DROIT FRANÇAIS.

DU CONTRAT DE MARIAGE.

(Code civil, art. 1387-1398 et 1529-1581).

Le contrat de mariage est l'ensemble des conventions expresses ou tacites qui règlent les rapports des époux, quant à leurs biens seulement. Cette dénomination s'applique encore à l'acte notarié qui sert à constater ces mêmes conventions.

On voit qu'il ne s'agit nullement ici du contrat qui se forme devant l'officier de l'état civil, et qui constitue le mariage.

DISPOSITIONS GÉNÉRALES.

§ Ier. — *Des conventions que peut renfermer le contrat de mariage.*

La faveur due aux mariages devait naturellement s'étendre aux conventions qui les accompagnent et qui le plus souvent les décident. Aussi la loi s'empresse-t-elle de proclamer en tête de ce titre ce grand principe, que les époux peuvent faire leurs conventions matrimoniales comme ils le jugent à propos (1387). Il suit de là que certaines stipulations qui seraient défendues partout ailleurs, sont autorisées dans le contrat de mariage (Voyez 1081 et suivants; 1526 et 1837).

Mais évidemment cette liberté, quelque favorable qu'elle soit, ne doit pas être sans limites : les époux, comme tous autres contractants, ne peuvent donc déroger aux lois prohibitives (1096,1399,1453,etc.), ni à celles qui intéressent les bonnes mœurs ou l'ordre public (6)

Ainsi, tout changement à l'ordre légal des successions, toute modification aux règles sur l'état et la capacité des personnes, serait sans effet, parce que ces règles tiennent étroitement à l'organisation de la famille, et par suite à celle de la société (1388-9).

Le Code ne veut pas non plus qu'en se référant d'une manière générale aux anciennes lois et statuts locaux qu'il abroge, les futurs époux puissent faire revivre et perpétuer, par des clauses de style, cette multitude de coutumes dont la diversité était une cause si fréquente d'embarras et de procès (1390). Mais il ne défend pas de citer textuellement dans le contrat tout ou partie de leurs dispositions que les époux s'approprieront ainsi, pourvu, bien entendu, qu'elles ne contiennent rien d'incompatible avec la législation actuelle.

Du reste, il était inutile d'ajouter, comme le fait l'art. 1391, que les époux peuvent cependant déclarer d'une manière générale qu'ils entendent se marier sous l'un des régimes consacrés par le Code. Personne n'aurait vu dans cette clause une dérogation à la prohibition de l'article précédent.

§ II. — *De la capacité nécessaire pour faire un contrat de mariage.*

Toute personne capable de se marier est par là même capable de faire ses conventions matrimoniales ; c'est encore un exemple de la faveur accordée au contrat de mariage. Ainsi, le mineur peut consentir aussi valablement qu'un majeur toutes les conventions dont ce contrat est susceptible, pourvu seulement qu'il soit assisté des personnes dont le contrat est nécessaire pour la validité du mariage lui-même (1095-1309 et 1398). Cette disposition reçoit cependant une exception au cas de l'art. 2140.

§ III. — *De la forme du contrat de mariage et de l'époque à laquelle il doit être fait.*

Les conventions matrimoniales sont considérées comme la condition du mariage ; elles doivent donc être arrêtées avant sa célébration, et par suite, elles ne peuvent recevoir postérieurement aucun changement (1394-5). On prévient ainsi l'influence que les époux auraient pu exercer l'un sur l'autre, et les dangers auxquels les tiers se seraient vus exposés.

Les mêmes motifs ont fait établir encore la nécessité d'un acte notarié dont la rédaction en minute assurera la conservation du contrat de mariage. L'enregistrement aurait bien suffi pour donner date certaine au contrat sous seings privés, mais il n'en aurait pas empêché la suppression. D'ailleurs, la présence du notaire et ses conseils éclairés seront toujours d'une grande utilité pour les contractants. Toutes ces raisons ont fait abroger l'usage des contrats de mariage sous signatures privées qui existait dans quelques pays de coutumes et dans les pays de droit écrit.

Si les conventions matrimoniales n'admettent pas de changements après le mariage, il n'en est pas de même avant la célébration; car jusqu'à ce moment le contrat n'est qu'un projet; et comme tel, il peut être mis au néant, et, à plus forte raison, corrigé et modifié. Mais, comme ces modifications vont faire partie du contrat primitif, il faut, à peine de nullité, qu'elles soient rédigées dans la même forme, en présence et avec le consentement simultané de toutes les personnes qui ont été parties au contrat lui-même; le silence des parties duement appelées, et même leur consentement séparé serait insuffisant, sans doute parce que la loi le juge trop facile à obtenir (1396).

On entend par parties, d'abord les futurs époux, ensuite les donateurs, qu'ils soient ascendants ou non, et enfin les personnes dont l'assistance, aux termes de l'art. 1398, est nécessaire au mineur pour la validité de ses conventions matrimoniales. — Ne sont évidemment pas parties au contrat les témoins et tous ceux qui n'ont signé que *honoris causa*.

Les changements ainsi adoptés par toutes les parties sont valables entre elles; mais pour qu'ils soient opposables aux tiers, il faut en outre qu'ils aient été rédigés à la suite de la minute, dont on ne pourra ainsi prendre connaissance, sans y voir en même temps les changements consentis après coup. Alors la responsabilité des contractants est mise à couvert, mais le notaire sera passible de dommages-intérêts envers les tiers, et même de suspension ou de destitution, suivant les circonstances, s'il a omis de transcrire les changements à la suite des grosses ou expéditions qu'il a pu délivrer ultérieurement (1397).

Pour les commerçants, il existe des formalités particulières (C. comm. 67 et suiv.).

Nous avons supposé jusqu'ici que les futurs époux réglaient eux-mêmes les conditions de leur union. Mais il est loin d'en être toujours ainsi, et il arrive souvent au contraire que, soit par insouciance, soit même par économie, ils n'ont pas recours au ministère de l'officier public. Dans cette position, les législateurs du Code devaient déterminer par avance quelles seraient les conventions matrimoniales de ceux qui n'en auraient pas fait; ils devaient en un mot établir un droit commun.

Mais il fallait opter entre les deux régimes qui se partageaient alors la France; entre la communauté qui était le régime légal des pays coutumiers, et le régime dotal qui formait le droit commun des pays de droit écrit. C'est la communauté qui l'a emporté, non pas tant peut-être à cause de son origine nationale et de sa conformité avec les rapports que le mariage établit entre les époux, qu'à cause de cette circonstance tout accidentelle, que la plupart des rédacteurs avaient été nourris dans les principes des coutumes.

Le régime dotal n'est donc plus qu'un régime d'exception, dont les principes ont cependant été formulés, dans un chapitre à part, et auquel on peut ainsi se référer d'une manière générale.

Un autre chapitre a été consacré au développement des règles de la communauté légale et des principales modifications que les conventions des parties peuvent y apporter. Il contient même, comme accessoires, deux régimes entièrement exclusifs de la communauté, ce sont le régime sans communauté, et celui de séparation de biens. Cette classification bizarre peut, non pas se justifier, mais s'expliquer par une considération historique. Ces deux régimes nous viennent, comme la communauté des pays de coutume, et on a cru devoir réunir dans un même chapitre tous les régimes qui avaient la même origine.

Une distribution plus méthodique aurait été de consacrer un premier chapitre à la communauté soit légale soit conventionnelle, et un second aux régimes qui rejettent toute communauté, et qui auraient pu se subdiviser en régimes où le mari a la jouissance des biens de sa femme, et régimes où les biens des époux sont séparés. Cette division existait dans le premier projet; mais le régime dotal, sans être prohibé, y avait été cependant passé sous silence, et lorsque, sur les sollicitations réitérées des pays méridionaux, on voulut en développer les principes, au lieu de le faire rentrer parmi les régimes où il n'y a pas de communauté, on le relégua dans un chapitre particulier.

Après ces notions générales, entrons dans l'explication des trois régimes exclusifs de communauté, le régime sans communauté, la séparation de biens et le régime dotal, qui font seuls l'objet de cette thèse.

CHAPITRE PREMIER.

DU RÉGIME SANS COMMUNAUTÉ.

Lorsque les époux ont déclaré simplement exclure la communauté ou se marier sans communauté, le mari acquiert l'administration et la jouissance de tous les biens de la femme, meubles et immeubles présens et futurs (1530). C'est une reproduction de ce principe coutumier qu'à défaut de convention contraire, les biens de la femme sont réputés dotaux, c'est-à-dire apportés en usufruit au mari pour soutenir les charges du mariage. Le principe opposé qui existait dans le droit écrit est aussi conservé par le code, dans les art. 1541 et 1574 du régime dotal.

En sa qualité d'administrateur et d'usufrutier, le mari perçoit tout le mobilier que la femme apporte en dot ou qui lui échoit postérieurement, à la charge de le restituer après la dissolution du mariage ou la séparation de corps ou de biens qui pourrait être prononcée (1531). En conséquence, il en doit faire dresser inventaire avec l'estimation des choses qui se consomment par l'usage dont il devra rendre le prix (1532). Quant aux autres meubles, s'ils n'ont pas été estimés, ils seront restitués en nature (1551), comme les immeubles. A défaut d'inventaire, la femme ou ses héritiers peuvent prouver, même par commune renommée, la consistance et la valeur du mobilier (1504).

Le mari est aussi tenu de toutes les charges de l'usufruit (1533); mais il n'est pas obligé de donner caution (arg. à fortiori de 1550).

Pour connaître l'étendue de ses pouvoirs, il faut consulter l'art. 1428, relatif à la communauté. Ainsi le mari n'a pas ici, comme sous le régime dotal, les actions pétitoires. Une autre différence avec ce régime, c'est que les immeubles constitués en dot ne sont pas inaliénables. Seulement ils ne peuvent être aliénés par la femme qu'avec l'autorisation du mari, ou, à son refus, avec celle de justice, sauf, dans ce dernier cas à en réserver la jouissance au mari (1534).

CHAPITRE DEUXIÈME.

DE LA SÉPARATION DE BIENS.

La femme séparée de biens par contrat de mariage, comme la femme séparée par jugement, a l'entière administration de ses biens meubles et immeubles, et la libre disposition de ses revenus (1536-1469).

Cependant la séparation contractuelle diffère de la séparation judiciaire en deux points : 1° En ce qu'elle est irrévocable comme tout autre convention matrimoniale (1451); 2° en ce que la contribution de la femme aux charges du mariage, à défaut de stipulation contraire, est fixée par la loi au tiers de ses revenus (1537), tandis que sous la séparation prononcée par justice, cette contribution est proportionnée à la fortune des époux. Mais, dans tous les cas, s'il ne reste rien au mari, la femme doit supporter entièrement les frais du ménage (1448).

L'administration que la femme a de ses biens comprend le droit d'aliéner son mobilier à titre onéreux, mais non à titre gratuit ; car donner n'est pas administrer (905).

La femme ne peut pas non plus ester en jugement (215), ni disposer de ses immeubles sans l'autorisation de son mari ; car, quoique séparée de biens, elle n'en reste pas moins soumise à la puissance maritale. Le mari ne pourrait pas même l'en affranchir, en lui donnant soit dans le contrat de mariage, soit dans un acte postérieur une autorisation générale d'aliéner ses immeubles. Cette autorisation serait nulle (1538).

Quoique le mari n'ait aucun droit sur les biens de sa femme, il peut cependant arriver qu'elle lui en laisse l'administration et la jouissance; mais elle peut y mettre fin quand bon lui semble, et sur sa première demande ou à la dissolution du mariage, le mari n'est tenu qu'à la représention des fruits existants. Quant à ceux qui ont été employés jusqu'alors, il n'en est pas comptable; car il est censé les avoir employés du consentement de la femme (1539-1578).

Il faut appliquer ici par analogie les art. 1577, 1579 et 1580.

CHAPITRE TROISIEME.

DU RÉGIME DOTAL.

Sous tous les régimes, il peut y avoir une dot, c'est-à-dire des biens apportés par la femme pour subvenir aux charges du mariage (1540).

Ainsi, dans la communauté, la dot se compose des meubles de la femme et de l'usufruit de ses immeubles ; dans le régime sans communauté, tous les biens sont dotaux, mais pour la jouissance seulement; enfin sous la séparation de biens, il n'y a de dotal que les biens dont les revenus doivent acquitter la contribution de la femme aux frais du ménage.

L'emploi du mot *dot* ne suffit donc pas pour soumettre les époux au régime dotal ; il faut que leur intention résulte d'une déclaration expresse (1392). Si ce régime est ainsi appelé, c'est parce que la dot y jouit d'une faveur particulière (voy. 1554-1560-1-1569), et non pas parce qu'il y a une dot. Il y a même cela de remarquable, c'est qu'à la différence des autres régimes, le régime dotal, stipulé d'une manière générale, sans autre explication, suppose qu'il n'y a point de dot. En effet les biens dotaux sont uniquement ceux qui font l'objet d'une constitution expresse ou tacite (1541). Tous les autres sont paraphernaux (1574).

SECTION PREMIÈRE

De la constitution de dot.

La constitution de dot peut être faite à titre particulier ou à titre universel. Ainsi, la femme peut se constituer tout ou partie de ses biens présents et à venir; mais la constitution en termes généraux de tous les biens, entendue d'après 1162, ne doit pas comprendre les biens à venir (1542).

Comme toutes les autres conventions matrimoniales, la constitution de dot doit avoir lieu dans le contrat de mariage, et la femme ne peut même pas augmenter ou diminuer sa dot pendant le mariage, car ce serait violer l'art. 1395 (1543).

Les articles suivants contiennent des règles d'interprétation relatives à la constitution de dot faite par les père et mère ou par l'un d'eux et tout-à-fait indépendantes, sauf le 2me alinéa de 1544, du régime sous lequel les constituans ou les nouveaux époux sont mariés. Il faut en dire autant des articles 1547-8, qui règlent l'étendue des obligations de ceux qui ont constitué la dot. Toutes ces dispositions auraient été mieux placées en tête du titre du contrat de mariage, parmi les dispositions générales.

Si les père et mère constituent conjointement une dot sans distinguer la part de chacun, elle sera censée constituée par portions égales (1544 1er alinéa). Cette décision forme un double emploi avec 1438, et n'est d'ailleurs qu'une application du principe que la solidarité ne se présume pas (1202).

Mais la mère ne peut être obligée sans son consentement exprès; ainsi, quand le père constitue seul la dot *pour droits paternels et maternels*, elle demeure en entier à sa charge, lors même que la mère aurait été présente au contrat et l'aurait signé (1544 2me alinéa). On suppose ici que les père et mère sont mariés sous un régime exclusif de communauté; car pour le cas de communauté, il y a une disposition spéciale, l'art. 1439.

Si le survivant des père et mère constitue la dot *pour biens pater-*

nels et maternels, cette déclaration fait présumer que le constituant n'a entendu s'obliger que subsidiairement pour le cas où les biens du conjoint prédécédé ne suffiraient pas à l'acquittement de la dot (1545). L'interprétation du code s'écarte à la fois de la décision de Justinien, qui distinguait si le père était riche ou non, et de celle de l'empereur Léon qui voulait que la dot fût imputée moitié sur les biens paternels et moitié sur les biens maternels.

Mais il n'est pas douteux qu'en l'absence de toute stipulation contraire, et lors même que les père et mère ou le survivant d'eux jouiraient des biens de leur fille, la dot ne dût être prise sur le patrimoine des constituants (1546); car on donne *de suo* et non avec les biens du donataire (1023).

La dot est en effet une donation, et comme telle soumise au rapport et à la réduction; mais c'est une donation d'une nature particulière, et qui participe, à certains égards, de l'acte à titre onéreux; car elle est destinée à soutenir les charges du mariage.

Il suit de là que tous ceux qui constituent une dot sont tenus de la garantie envers le mari et même envers la femme, et doivent de plein droit les intérêts du jour du mariage, encore qu'il y ait terme pour le paiement, à moins de convention contraire (1547-8).

SECTION DEUXIÈME.

Des droits du mari sur les biens dotaux et de l'inaliénabilité du fonds dotal.

§ 1er. *Des droits du mari sur les biens dotaux.*

Le mari est administrateur des biens dotaux, et en cette qualité il en perçoit les fruits et intérêts et touche même le remboursement des capitaux.

La loi lui donne aussi le droit d'exercer toutes les actions de la femme, même les actions pétitoires qu'il n'a sous aucun autre régime, et qui n'appartient ordinairemennent qu'au propriétair(1549). Cette exception remarquable aux droits de l'administrateur est sans doute une tradition du droit romain, où le mari, ainsi que nous l'avons vu, était considéré comme maître de la dot (*dominus dotis*);

Par suite de ses pouvoirs, le mari est tenu d'interrompre toutes les usurpations tentées sur les biens dotaux et d'y faire toutes les réparations nécessaires, même les grosses, sauf la répétition de ses impenses contre la femme. En conséquence, il est responsable des détériorations survenues et des prescriptions acquises par sa négligence (1562 2me alinéa).

Au reste, si la dot est mise en péril, la femme peut, comme sous le régime de communauté, poursuivre sa séparation de biens (1563-1443 et suiv.), et reprendre alors l'administration de sa dot.

Pendant le mariage, le mari a la jouissance des biens dotaux; il doit donc supporter toutes les charges de l'usufruit (605-608 et suiv.). Mais il n'est pas tenu de toutes les obligations de l'usufruitier, comme le dit le 1er alinéa de 1562, puisqu'il n'est pas assujeti à fournir caution (601). Toutefois, à la différence du droit romain, le code permet qu'on l'y soumette par une clause du contrat de mariage (1550).

L'usufruit du mari, sous le régime dotal comme sous les autres régimes, ne peut pas, à raison de sa destination, être assimilé à un véritable usufruit. Ainsi il ne pourrait être aliéné ou hypothéqué par le mari, ni même exproprié par ses créanciers.

Si la dot comprend des choses dont on ne peut faire usage sans les consommer, le mari comme tout usufruitier, en devient propriétaire, à la charge d'en rendre la valeur, à la cessation de son droit (587).

S'il s'agit d'objets mobiliers qui ne se consomment pas par l'usage, et qui aient été mis à prix dans le contrat de mariage, le mari en devient également propriétaire, et n'est débiteur que du prix, à moins qu'il n'ait été déclaré que l'estimation n'en faisait pas vente (1551). Telle était aussi la doctrine du droit romain (*æstimatio venditionem facit*).

Mais le code y déroge à l'égard des immeubles; car l'estimation n'en vaut vente qu'en cas de déclaration expresse (1552). Cette différence vient de ce qu'en général le code a considéré la propriété des immeubles comme beaucoup plus importante que celle des meubles. D'ailleurs, l'estimation peut très-bien avoir été faite pour déterminer le montant des dommages-intérêts qui seraient dus par le mari, en cas de perte ou de dégradation causée par sa faute.

Quels sont les droits du mari sur l'usufruit constitué en dot? Ce sont ceux de l'usufruitier lui-même. Le mari n'aura pas simplement la jouissance des fruits pendant le mariage, à la charge de les restituer après; il en aura la propriété définitive, et ne rendra que l'exercice du droit d'usufruit, s'il existe encore, sauf l'application de l'art. 1571 entre les époux (1568).

Si le mari achète un immeuble avec les deniers dotaux, ou, ce qui est la même chose, s'il reçoit un immeuble en paiement de la dot constituée en argent, il en devient évidemment propriétaire ; car il peut disposer à son gré des deniers dotaux qui lui appartiennent, quoiqu'il en soit débiteur (1553). Il en est autrement s'il y a clause d'emploi, c'est-à-dire s'il a été convenu dans le contrat de mariage que les deniers seraient employés à acheter un immeuble. Cet immeuble sera dotal.

§ 2. *De l'inaliénabilité du fonds dotal.*

Les immeubles constitués en dot ne peuvent être aliénés ou hypothéqués ni par le mari ni par la femme, ni même par les deux conjointement (1554). On entend ici par immeubles constitués en dot, ceux dont la jouissance seulement appartient au mari, et dont la propriété est demeurée à la femme.

Cette inaliénabilité, qui nous vient de la loi Julia modifiée par Justinien, ainsi qu'il a été dit au titre *de fundo dotali*, forme le caractère principal du régime dotal, mais il n'en est pas un élément essentiel, puisque les époux peuvent la rejeter par leur mariage, tout en adoptant ce régime (1557).

Quand elle n'a pas été exclue, l'inaliénabilité des immeubles dotaux existe de plein droit, et est, en quelque sorte, considérée comme d'ordre public, par un souvenir de cette idée romaine *reipublicæ interest mulieres dotes salvas habere.* Alors elle ne reçoit que quelques exceptions toutes indiquées limitativement par la loi, et que nous allons parcourir.

Ainsi, 1° la femme peut donner ses biens dotaux pour l'établissement de ses enfants par mariage ou autrement. Mais il faut distinguer : s'il s'agit des enfants qu'elle a eus d'un précédent mariage, elle doit avoir l'autorisation de son mari, ou, à son refus, celle de justice, sauf à réserver dans ce cas la jouissance du mari dont on ne peut le priver malgré lui. Si, au contraire, il s'agit des enfants communs, l'autorisation de justice ne peut remplacer celle du mari ; car la tendresse du père pour ses enfants fait présumer que son refus est fondé sur de justes motifs (1555-6).

2° L'immeuble dotal peut encore être aliéné sur la demande des époux avec permission de justice, le procureur du roi entendu (83 proc.) et aux enchères, après trois affiches, dans les cinq cas énumérés art. 1558 :

Pour tirer de prison le mari ou la femme. Il n'est pas nécessaire que le mari ne puisse faire cession de biens.

Pour fournir des aliments à la famille (203-5-6). On suppose que les immeubles ne produisent pas assez de revenus.

Pour payer les dettes de la femme ou de ceux qui ont constitué la dot, lorsque ces dettes ont une date certaine antérieure au contrat de mariage. Remarquons qu'il ne s'agit pas ici des aliénations forcées poursuivies par les créanciers, soit en cas de constitution de dot à titre universel, soit en cas de fraude, soit en cas d'hypothèque. Il n'ont pas besoin de la permission de justice, puisqu'ils exercent un droit que la justice ne pourrait leur enlever.

Pour faire de grosses réparations indispensables pour la conservation de l'immeuble dotal. Ici, comme dans les cas précédents, les tribunaux peuvent permettre d'hypothéquer.

Enfin, lorsque l'immeuble dotal se trouve indivis avec des tiers, et qu'il est reconnu impartageable. Alors il y a lieu à licitation (1686). La femme, comme tout autre communiste, ne peut pas être contrainte à demeurer dans l'indivision (815).

Dans tous ces cas, l'excédant du prix de la vente sur les besoins reconnus, restera dotal, et il en sera fait emploi comme tel au profit de la femme.

3° L'immeuble constitué en dot peut aussi être échangé par la femme contre un autre immeuble, dont la valeur ne doit pas être moindre des quatre cinquièmes de celle de l'immeuble dotal, d'après l'estimation qui en sera faite par experts nommés d'office. Il suffit avec raison que la justice reconnaisse l'utilité de l'échange pour qu'elle l'autorise.

L'inaliénabilité de l'immeuble dotal en entraîne l'imprescriptibilité ; aussi le législateur français, se conformant en cela au droit romain, a-t-il déclaré imprescriptibles pendant le mariage, à moins que la possession n'en eût commencé auparavant, les immeubles dotaux qui n'auraient pas été dans le contrat stipulés aliénables (1561, 1er alinéa). Mais il s'est montré peu conséquent avec son système, lorsque, sur la demande du tribunat, modifiant son premier projet, il a ajouté que, quelle que fût l'époque à laquelle la possession eût commencé, l'immeuble dotal deviendrait prescriptible après la séparation de biens, sans déclarer cependant qu'il cessait d'être inaliénable. Le tribunat donnait pour raison que la femme séparée, reprenant l'administration de ses biens, pouvait interrompre plus facilement la prescription.

Pour sanctionner la prohibition d'aliéner le fonds dotal, la loi permet à la femme de faire révoquer après la dissolution du mariage, et même après la séparation de biens, l'aliénation qui aurait été faite hors des cas exceptionnels où elle peut avoir lieu.

A cet égard, il y a plusieurs distinctions à faire : 1° si c'est le mari qui a vendu seul l'immeuble dotal, alors il y a vente de la chose d'autrui, et l'acheteur ne pourra prescrire que par la possession de dix ou vingt ans, s'il est de bonne foi, (2262). Dans tous les cas, la prescription ne pourra courir utilement que du jour de la dissolution du mariage, à cause de l'art. 2256 2me alinéa.

2° Si la vente a été faite par la femme seule, sans l'autorisation de son mari, il faut appliquer le deuxième alinéa de 1304 ; l'acheteur sera à l'abri de toute action en nullité par la seule expiration du laps de dix ans, qui ne compteront aussi que de la dissolution du mariage.

3° Enfin, si la femme a été autorisée par son mari, elle aura encore une action en nullité qui durera aussi dix ans, mais à partir de la séparation de biens (2255 qui renvoie à 1561).

Pendant le mariage, le mari lui-même, en qualité d'administrateur des biens de sa femme, peut faire révoquer l'aliénation, même celle qu'il aurait consentie, sauf à être tenu de dommages-intérêts envers l'acheteur, s'il n'a pas déclaré, dans le contrat, que le bien vendu était dotal (1560). Ce n'est pas ici le lieu d'invoquer la maxime *Quem de evictione tenet actio*, etc.

SECTION TROISIÈME.

De la restitution de la dot.

Les événements qui donnent lieu à la restitution de la dot sont : 1° la dissolution du mariage ; 2° la séparation de corps et de biens, ou de biens seulement ; 3° l'absence déclarée de l'un des époux.

La dot doit alors être restituée, suivant les cas, soit à la femme, soit à ses héritiers ou ayant-droit à cause de mort, soit à l'ascendant donateur (747), soit à tout autre donateur qui aurait stipulé le droit de retour (951).

En droit romain, quand il s'agissait de corps certains, la restitution avait lieu immédiatement ; s'il s'agissait de choses *quæ mensura pondere numerove constant*, c'est-à-dire de quantités, par exemple d'une somme d'argent, elle avait lieu en trois ans, un tiers chaque année (*annua, bima, trima die*). Il était juste d'accorder, dans ce cas, un délai au mari pour qu'il pût se procurer les sommes ou valeurs dont il avait dû faire emploi. Justinien, dans la loi 1re, § 7, au Code *De rei uxor*, ne lui donne plus qu'une année. C'est le système de Justinien suivi dans les pays de droit écrit qui est passé dans le Code civil (1564-5).

Le mari ne doit avoir aucun délai en cas de séparation de biens principale ; car il y a péril en la demeure (1563-1444).

Les meubles et les immeubles qui sont restés la propriété de la femme doivent être rendus tels qu'ils existent, non détériorés par la faute du mari (1566), conformément aux principes généraux (1245-1302) dont la loi fait elle-même l'application dans l'art. 1567 aux rentes et aux créances ordinaires. Le mari n'est pas responsable de l'insolvabilité totale ou partielle des débiteurs ; il suffit qu'il rende les contrats, ou mieux les titres.

Quant aux objets dont le mari est devenu propriétaire, ils sont à ses risques, et il n'en doit restituer que l'estimation, comme nous l'avons dit précédemment.

Néanmoins, par exception à ces principes, la femme pourra toujours retirer les linges et hardes à son usage actuel, qu'ils aient été ou non estimés dans le contrat de mariage ; seulement, comme il ne faut pas qu'elle reçoive deux fois ce qu'elle a apporté, s'il y a eu estimation, elle devra précompter la valeur des linges et hardes qu'elle reprend (1566, 2ᵉ alinéa).

Il est clair que la femme qui prétend exercer la répétition de sa dot doit prouver avant tout, ou que le mari l'a reçue, ou du moins que s'il ne l'a pas reçue, il y a eu faute de sa part. Cependant, si le mariage a duré dix ans depuis l'exigibilité de sa dot, le mari sera tenu de la payer à la femme ou à ses héritiers lors même qu'il serait constant qu'elle ne lui a pas été remise. Ainsi la loi, dans ce cas tout exceptionnel, établit contre le mari une présomption de négligence, qu'il peut néanmoins faire tomber, en justifiant qu'il a fait toutes les diligences convenables, eu égard à la qualité et à la position des constituants (1569). Il est dès-lors évident que ces derniers ne peuvent pas se prévaloir de cette présomption vis-à-vis du mari.

Comme le mari a droit aux intérêts de la dot promise du jour où commencent les charges du mariage (1548), réciproquement, dès qu'il cesse de supporter ces charges, il devient de plein droit débiteur envers la femme ou ses héritiers des intérêts de la dot à restituer (1570, 1ᵉʳ alinéa).

Mais si c'est la mort du mari qui donne lieu à la restitution de la dot, la veuve, au lieu d'en exiger les intérêts, peut à son choix se faire fournir des aliments pendant l'an de deuil aux dépens de la succession du mari. Au reste, quelque parti qu'elle prenne, elle a droit aux habits de deuil (1481) et à l'habitation durant cette année (1590, 2ᵉ alinéa). Comparez avec 1465.

Dans tous les cas où la dot doit être restituée sans délai, les fruits des biens dotaux se partagent en nature entre le mari et la femme ou leurs héritiers, à proportion du temps que le mariage a duré pendant la dernière année, et l'année se compte du jour de la célébration (1571).

Ce système, emprunté au droit romain et spécial au régime dotal, s'écarte en ce qui concerne les fruits naturels et industriels des règles de l'usufruit admises dans la communauté (585-1401, 2°). On n'examine pas si le mari a perçu ou n'a pas perçu les fruits, parce qu'on part avec raison de cette idée qu'une récolte est destinée à couvrir les dépenses de l'année où elle est faite.

Pour la sûreté de sa dot, la femme a sous tous les régimes une hypothèque légale dispensée d'inscription sur tous les immeubles de son mari (2121-2135); mais elle n'a jamais de privilége, pas même sous le régime dotal, quoique Justinien, dans la loi 12 au Code *Qui potiores*, lui donne un droit de préférence sur les créanciers hypothécaires même antérieurs au mariage. Le Code civil a voulu abroger expressément cette disposition inique suivie dans certains pays de droit écrit (1572).

Nous avons dit que la dot était une donation, et à ce titre sujette au rapport. Cependant si le père a remis la dot à un mari insolvable et qui n'avait pas même de profession, il paraît injuste de rendre la fille victime de l'imprudence de son père; aussi n'est-elle tenue, dans ce cas, de rapporter que l'action qu'elle a contre son mari.

Mais si le mari était solvable, ou du moins s'il exerçait un métier qui lui tenait lieu de bien, comme il n'y a plus faute de la part du père, c'est sur la fille seule que la perte de la dot doit tomber (1573).

SECTION QUATRIÈME.

Des biens paraphernaux.

Les biens paraphernaux sont tous les biens de la femme qui n'ont pas été constitués en dot (1574).

Dans les pays de droit écrit, les femmes avaient plus de pouvoirs sur leurs biens paraphernaux que les femmes séparées de biens dans les pays de communauté; car elles n'avaient pas besoin de l'autorisation du mari. Aujourd'hui que cette autorisation est exigée, leurs droits sont absolument les mêmes : aussi y a-t-il double emploi entre notre section et le régime de séparation de biens. — Comparez en effet 1575 avec 1537, 1576 1er alinéa avec 1536, 1576 2e alinéa avec 1538, 1578 avec 1539. Les articles 1577, 1578, 1579 et 1580 donnent quelques détails faciles à saisir sur le cas où le mari jouit des biens paraphernaux.

DISPOSITION PARTICULIÈRE.

La loi termine le contrat de mariage en nous avertissant que les époux peuvent associer le régime dotal au régime de communauté, et par exemple à la communauté réduite aux acquêts (1498, 1499). Alors les biens paraphernaux deviendront dotaux en ce sens que le mari en aura l'administration et la jouissance; quant aux véritables biens dotaux, ils continueront d'être inaliénables, et le mari aura à leur égard les mêmes droits, et sera soumis aux mêmes obligations que sous le régime dotal pur et simple (1581).

PROPOSITIONS.

1. Les changements faits au contrat de mariage après la célébration sont nuls et non pas seulement révocables (1395).

2. Le père du mari majeur, mais âgé de moins de 25 ans, ne doit pas être considéré comme partie au contrat de mariage dans le sens de l'art. 1396.

3. Sous le régime sans communauté, les fruits de la dernière année doivent se partager, non d'après les règles exceptionnelles du régime dotal (1571), mais d'après le droit commun (585-1401 2°).

4. L'art. 1450 est applicable à la séparation de biens contractuelle.

5. Sous le régime dotal, lorsqu'une femme ne s'est constitué en dot que ses biens présents, on ne peut, pendant le mariage, lui faire donation d'un immeuble sous la condition qu'il deviendra dotal (1543).

6. Dans le cas de l'art. 1552, il n'y a pas lieu à rescision pour lésion.

7. La dot mobilière est aliénable (1554).

8. Dans le cas de vente de l'immeuble dotal par la femme autorisée de son mari, la prescription de l'action en nullité court du jour de la séparation de biens (2255).

9. Le mari qui vend l'immeuble dotal sans faire la déclaration exigée par l'art. 1560, est tenu de dommages-intérêts, lors même que l'acheteur aurait eu connaissance de la qualité de l'immeuble.

10. La femme n'a pas l'option dont parle l'art. 1570, lorsque les héritiers du mari veulent lui restituer immédiatement sa dot.

www.ingramcontent.com/pod-product-compliance
Ingram Content Group UK Ltd.
Pitfield, Milton Keynes, MK11 3LW, UK
UKHW020541230726
13925UKWH00006B/2411